ANDREA LOMBARDI

KRIMSCHILD

Photographic history of advance of German and Romanian troops
in Ukraine and Crimea and siege of Sevastopol, 1941-1942

*

Storia fotografica dell'avanzata delle truppe tedesche e rumene
in Ucraina e Crimea e dell'assedio di Sebastopoli, 941-1942

ISBN: 978-88-9327-5866 2nd Edition : may 2020
Title: Krimschild (ISE-067) a cura di Andrea Lombardi
Pubblished by LUCA CRISTINI EDITORE. Cover & Art design: L. S. Cristini
English & Italian text.
Prima edizione a cura di ASSOCIAZIONE ITALIA STORICA - Genova 02-2012

Introduction

The photographs in this book illustrate the battles of 11. German and Romanian units joined to it during Operation Barbarossa and subsequent operations in the Crimea. The 11. Armee was formed on October 5, 1940, and took part in the invasion of Russia by operating within the Heeresgruppe Süd, with the task of conquering the Crimea and ensuring the safety of the right flank of the Heeresgruppe advance axis. On 12 September 1941 General der Infanterie Erich von Manstein will be assigned as Commander-in-Chief of 11. Armee, replacing Generaloberst Eugen Ritter von Schobert, who had been killed the day before when his Fieseler Storch hill plane had landed on a minefield.

Operation 11. Armee, June 1941 - July 1942

In June 1941 the Armee attacked over the Prut River, liberating Bessarabia and advancing into Ukraine, breaking through the Stalin Line in July 1941, then chasing the enemy and forcing the crossing into the Dnieper at the end of August. Between 26 September and 11 October 1941 the 11th. Armee participated in the Battle of the Sea of Azov, operating with Panzergruppe 1, encircling the 11th and 18th Soviet Army in the area of Bolschoi To- kmak, Mariupol and Berdiansk and capturing 65,000 prisoners, 125 tanks and 500 can- noni. L'11. Armee then headed towards Crimea, breaking through armed Soviet defences of the Perekop isthmus, and on October, 30th, 1941 the long siege of Sevastopol began. On December 25th, 1941 the Russians landed in force in Feodosia on the Kerch peninsula, on the 11th. Armee, and forcing it to give ground. The peninsula would then be re-conquered by the 11th. Armee the following May, capturing 170,000 Soviet soldiers. When this operation is completed, on the 11th. Armee launched its general attack against the Sevastopol forts on June 7, 1942, after five days of artillery and Luftwaffe annihilation bombardment. It should be noted that German artillery had deployed 1,300 pieces in the siege of Sevastopol, considered the best defended fortress in the world, a concentration of artillery never again reached by the troops in World War II. Many of them were of the highest calibre, such as the 35.5 cm Haubitze M 1, the 42 cm Gamma-Mörser, the 60 cm Karl-Gerät, and the 80 cm "Dora". The Russian fortress had a garrison of 101,238 men, and was equipped with 600 cannons, including the 305mm naval cannons of the "Maxim Gorky I" and "II" forts, and 2. 000 mortars: the static defences developed on a first line formed by trenches and field fortifications, protected by extensively mined areas and three kilometers deep, then on a defensive line two kilometers deep, including a dozen or so fortified fortresses, placed on the rocky peaks around the bay of Severnaya, and then a last series of trenches and bunkers around the city. This was followed by almost a month of fierce fighting, with the last Soviet fort surrendering on July 3, 1942. 100,000 Russian soldiers were captured, and the fall of the fort earned Erich von Manstein the promotion to Generalfeldmarschall.

ANDREA LOMBARDI

Introduzione

Le fotografie di questo libro illustrano i combattimenti della *11. Armee* tedesca e delle unità rumene ad essa aggregate durante l'Operazione *Barbarossa* e le successive operazioni in Crimea. L'*11. Armee* fu costituita il 5 ottobre 1940, e prenderà parte all'invasione della Russia operando in seno all'*Heeresgruppe Süd*, con il compito di conquistare la Crimea e di garantire la sicurezza del fianco destro dell'asse di avanzata dell'*Heeresgruppe*. Il 12 settembre 1941 il *General der Infanterie* Erich von Manstein sarà assegnato quale Comandante in Capo della *11. Armee*, sostituendo il *Generaloberst* Eugen Ritter von Schobert, rimasto ucciso in giorno prima quando il suo aereo di collegamento *Fieseler Storch* era atterrato su un campo minato.

Operazioni della 11. Armee, giugno 1941 - luglio 1942

Nel giugno 1941 l'*Armee* attaccherà oltre il fiume Prut, liberando la Bessarabia e avanzando in Ucraina, sfondando la Linea Stalin nel luglio 1941, inseguendo quindi il nemico e forzando l'attraversamento nel Dnieper alla fine di agosto. Tra il 26 settembre e l'11 ottobre 1941 l'*11. Armee* parteciperà alla battaglia del Mare d'Azov, operando con il *Panzergruppe 1*, accerchiando l'11ª e 18ª Armata sovietiche nell'area di Bolschoi Tokmak, Mariupol e Berdiansk e catturando 65.000 prigionieri, 125 carri armati e 500 cannoni. L'*11. Armee* si diresse quindi verso la Crimea, sfondando le munite difese sovietiche dell'istmo di Perekop, e il 30 ottobre 1941 iniziava il lungo assedio di Sebastopoli. Il 25 dicembre 1941 i russi sbarcarono in forze a Feodosia nella penisola di Kerch, attaccando da tergo la *11. Armee*, e costringendola a cedere terreno. La penisola sarà poi riconquistata dall'*11. Armee* nel maggio successivo, catturando 170.000 soldati sovietici. Terminata questa operazione, l'*11. Armee* lanciò il suo attacco generale contro le fortificazioni di Sebastopoli il 7 giugno 1942, dopo cinque giorni di bombardamento d'annientamento da parte dell'artiglieria e della *Luftwaffe*. Da notare che l'artiglieria tedesca aveva schierato nell'assedio di Sebastopoli, considerata la fortezza meglio difesa al mondo, ben 1.300 pezzi, una concentrazione d'artiglieria mai più raggiunta dai tedeschi nella seconda guerra mondiale. Tra di essi molti erano di calibro massimo, come gli *Haubitze M 1* da 35.5 cm, il *42cm Gamma-Mörser*, il *Karl-Gerät* da 60 cm, e il "*Dora*" da 80 cm. La fortezza russa aveva una guarnigione di 101.238 uomini, ed era dotata di 600 cannoni, tra i quali i cannoni navali da 305 mm dei forti "*Maxim Gorky I*" e "*II*", e di 2.000 mortai: le difese statiche si sviluppavano su una prima linea formata da trinceramenti e fortificazioni campali, protetta da zone estensivamente minate e profonda tre chilometri, quindi su una linea difensiva profonda due chilometri, comprendente una dozzina di muniti forti, posti sulle cime rocciose intorno alla baia di Severnaya, e quindi da un'ultima serie di trincee e bunker attorno alla città. Seguirono quasi un mese di combattimenti feroci, con l'ultimo forte sovietico che si arrese il 3 luglio 1942. Furono catturati 100.000 soldati russi, e la caduta della piazzaforte valse a Erich von Manstein la promozione a *Generalfeldmarschall*.

ANDREA LOMBARDI

Action timeline of 11. Armee on the Eastern Front, June 1941 - August 1942

Border clashes on the Prut River, 22 June 1941 - 7 August 1941

Fights for the liberation of Bessarabia, 2 July - 8 July 1941

Stalin Line breakthrough, 2 July - 25 July 1941

Pursuit battles towards the Dnieper, 26 July - 29 August 1941

Control of the Dnieper and crossing at Berisslavl, 30 August 1941

Assault through the Dnieper, 31 August - 12 September 1941

Advancing towards Crimea and breakthrough battle at Perekop, August, 31st - 30 September, 1941

Battle of the Sea of Azov, 26 September - 11 October 1941

Breakthrough Battle at Ishun, 18 October - 27 October 1941

Pursuit battles in the Crimea and breakthrough to Kerch, 28 October - 16 December 1941

Coastal defence and containment battles in Sevastopol, 17 November 1941 - 4 July 1942

Attack at Sevastopol, 17 December - 31 December 1941

Coastal defence in Crimea, 17 November 1941 - 4 July 1942

Operations in the Kerch peninsula and battles in Feodosia and north-west, 28 December 1941 - 18 January 1942

Siege of the fortress of Sevastopol, 1 January - 1 June 1942

Defensive battles in the position of Parpatch, 19 January - 7 May 1942

Battle for the Kerch peninsula and reconquest of Kerch, 8 May - 21 May 1942

Attack and taking of the fortress of Sevastopol, 2 June - 4 July 1942

Presidium in Crimea, 5 July - 31 August 1942

Cronologia delle azioni della 11a Armee sul fronte orientale, giugno 1941 - agosto 1942

Scontri di confine sul fiume Prut, 22 giugno 1941 – 7 agosto 1941

Combattimenti per la liberazione della Bessarabia, 2 luglio – 8 luglio 1941

Sfondamento della Linea Stalin, 2 luglio – 25 luglio 1941

Battaglie d'inseguimento verso il Dnieper, 26 luglio – 29 agosto 1941

Controllo del Dnieper e dell'attraversamento presso Berisslavl, 30 agosto 1941

Assalto attraverso il Dnieper, 31 agosto – 12 settembre 1941

Avanzata verso la Crimea e battaglia di sfondamento a Perekop, 31 agosto – 30 settem- bre 1941

Battaglia del Mare d'Azov, 26 settembre – 11 ottobre 1941

Battaglia di sfondamento a Ishun, 18 ottobre – 27 ottobre 1941

Battaglie d'inseguimento in Crimea e sfondamento verso Kerch, 28 ottobre – 16 no- vembre 1941

Difesa costiera e battaglie di contenimento a Sebastopoli, 17 novembre 1941 – 4 luglio 1942

Attacco a Sebastopoli, 17 dicembre – 31 dicembre 1941

Difesa costiera in Crimea, 17 novembre 1941 – 4 luglio 1942

Operazioni nella penisola di Kerch e battaglie a Feodosia e a nord-ovest, 28 dicembre 1941 – 18 gennaio 1942

Assedio della fortezza di Sebastopoli, 1° gennaio – 1° giugno 1942

Battaglie difensive nella posizione di Parpatch, 19 gennaio – 7 maggio 1942

Battaglia per la penisola di Kerch e riconquista di Kerch, 8 maggio – 21 maggio 1942

Attacco e presa della fortezza di Sebastopoli, 2 giugno – 4 luglio 1942

Presidio in Crimea, 5 luglio – 31 agosto 1942

ORGANIZATION CHART
Organigrammi

June 1942 - *Giugno 1941*

	Heeres-Gr.	Armee	Korps	Div.	
OKH-Reserven			LIV.	50.	
				170.	
zugeteilt bei H.Gr. Süd:			XXX.	198.	
				8. rum. I. D.	
H.Kdo. XXXIV.				14. rum. I. D.	
68.				6. rum. Kav. Brig.	
132. (Südosten Antrsp. 20.6.–4.7.)		11. Gen. Kdo. rum. Kav. Korps	XI.	76.	
LI.				239.	
79.				22.	
95. (Hgr. D, Antrsp. 27.6.–3.7.)				6. rum. I. D.	
13.				5. rum. Kav. Brig.	
				rum. mot. mech. Brig.	
noch nicht verfügt:				8. rum. Kav. Brig.	
a) bis 4.7. im WK VIII eingetroff.:			rum. Geb. Korps	1. rum. Geb. Brig.	
XXXX. mot. (Antrsp. ab 26.6.)				4. rum. Geb. Brig.	
60. mot. (Antrsp. ab 22.6.)	Süd			2. rum. Geb. Brig.	
				7. rum. I. D.	
b) nach 4.7. in d. Zufhrg.:			Heeresmission Rumänien	72.	
46. H.Kdo. LXV			Bef.R.H.G. 103	454. Sich.	
93.				444. Sich.	
96.		17.	LII.	101. lei.	
98.		125. slow. mot. Verb.	XXXXIX. Geb.	257.	100. lei.
260.				1. Geb.	
94.				4. Geb.	
183. AOK 2		99. lei.	IV.	71.	97. lei.
73. H.Kdo. LXV				295.	
5. Pz. WK III				24.	
294. H.Kdo. LXV. Zuf. u. U. vor dem 4.7.				296.	
2. Pz. WK III			XXXXIV.	9.	262.
		6.		297.	57.
c) z.V. OKH i.d.Heimat:		168.	XVII.	62.	298.
707. WK VII		213. Sich.		56.	
713. WK XIII			LV.	75.	
				111.	
			XXIX.	44.	
				289.	
			XXXXVIII. mot.	16. mot.	
				16. Pz.	
				11. Pz.	
		Pz. Gr. 1	III. mot.	13. Pz.	
				25. mot.	
				14. Pz.	
			XIV. mot.	9. Pz.	
				SS „A.H."	
				SS „W"	

June 1942
Giugno 1942

	Heeres-Gr.	Armee	Korps	Div.
			LIV. ¹/₃46. im Antransp.	¹/₃132.+¹/₃46. 24. 22.+¹/₃73. 50.+¹/₃46. 4. rum. Geb.
			rum. Geb. Korps	18. rum. 1. rum. Geb.
		11. Befh. d. Landengen	XXX.	72. 170. 28. le.+1 Rgt. 213. Sich.+1 Rgt. 444. Sich. ¹/₃125. Stb. Schröder m. 1 Rgt. 444. Sich.
	Süd 323. 340. ung. IV. 10. ung. le. 12. ung. le. 13. ung. le. ung. Pz. Div. LVII. mot. V.		Gr. Mattenklott (XXXXII.)	Gr. Ritter (Küstensch.) 8. rum. Kav. 10. rum. 19. rum. rum. schn. Rgt. Tle. 22. Pz. ²/₃132.
		Gruppe v. Wieters- heim (XIV. mot.)	Gr. v. Förster rum. Kav. Korps	6. rum. Kav. 5. rum. Kav. Sich. Rgt. 4 298.
			XIV. mot.	SS „A.H." ²/₃73. 13. Pz. ²/₃125. SS „Wiking" slow. Schn. Div.
z. V. OKH. in Zufüh- rung nach dem Osten: 371. ital. AOK 8 mit ital. II. A. K. ital. „Ravenna" ital. „Sforzesca" ital. „Cosseria"		17.	XXXXIX. Geb.	4. Geb. 198.
			ital. Schn. Korps	ital. Celere+Bers. Rgt. 6 ital. Torino ital. Pasubio
			LII.	111.
			IV. ¹/₃39. i. Ablösung	94. ²/₃9. 76. 295. 370.
		1. Pz.	XXXXIV.	257. 101. le. 97. le.+wall. Btl. 373 68.

Maps - *Mappe*

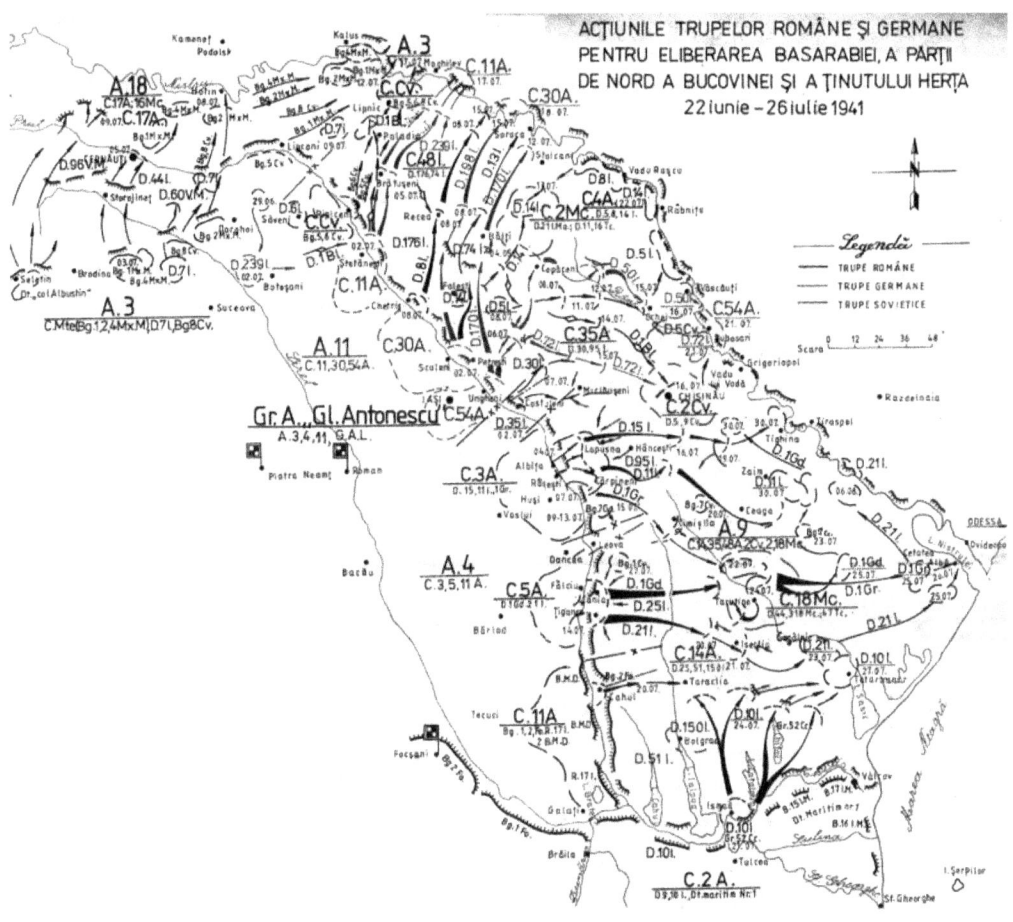

Actions of German and Romanian troops in Bessarabia, 22 June - 26 July 1941
Azioni delle truppe tedesche e rumene in Bessarabia, 22 giugno – 26 luglio 1941

The Conquest of the Crimea, September-December 1941
La conquista della Crimea, settembre-dicembre 1941

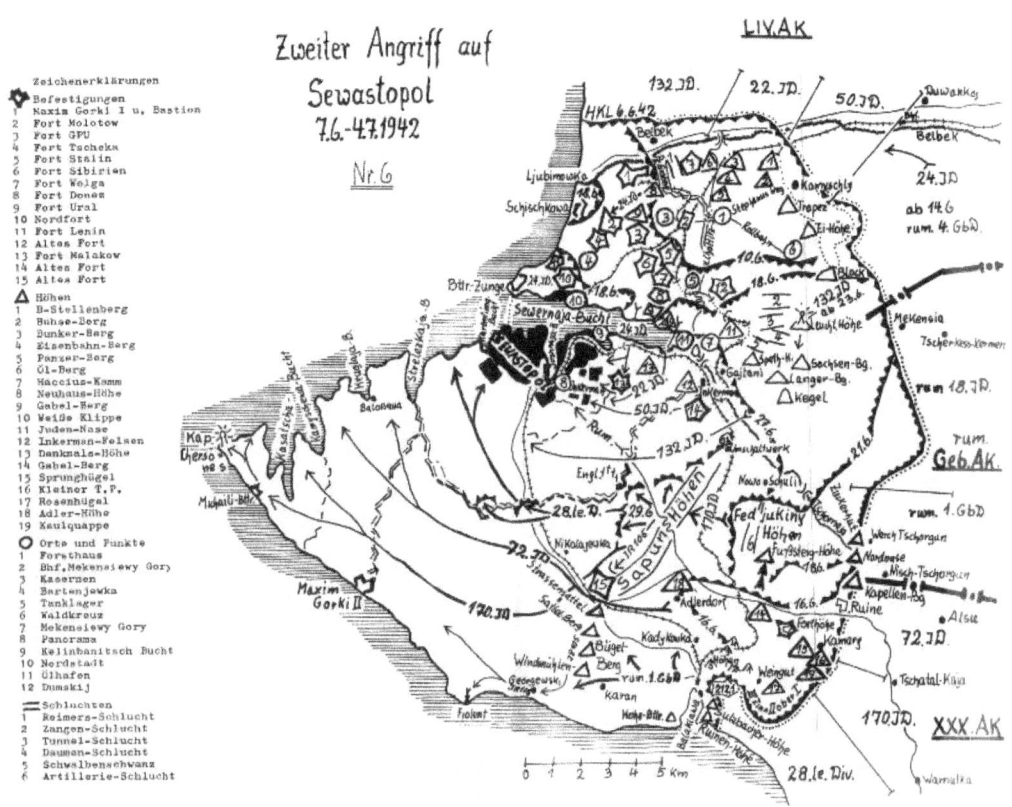

The fall of Sevastopol, 7 June-4 July 1942
La caduta di Sebastopoli, 7 giugno-4 luglio 1942

Photographic history of the advance of German and Romanian troops in Bessarabia, Ukraine, Crimea and the siege of Sevastopol, 1941-1942

*

Storia fotografica dell'avanzata delle truppe tedesche e rumene in Bessarabia, Ucraina, Crimea e l'assedio di Sebastopoli, 1941-1942

BEYOND THE PRUT
OLTRE IL PRUT

German and Romanian officers discuss the situation on the Vltava River front
Ufficiale tedeschi e rumeni discutono la situazione sul fronte del fiume Vltava[1]

July 1941. German artillery opens fire on the Soviets
Luglio 1941. L'artiglieria tedesca apre il fuoco contro i sovietici

---

[1] The captions of the photographs are those of the original work, published in 1942 by the Wehrmacht.
Le didascalie delle fotografie sono quelle dell'opera originale, edita nel 1942 a cura della *Wehrmacht*.

The fight for Bessarabia begins
Ha inizio la lotta per la Bessarabia

Romanian Infantry on the Prut
Fanteria rumena sul Prut

A short break while walking on the Prut
Un breve momento di pausa durante la marcia sul Prut

These minefields were supposed to block the advance
Questi campi minati avrebbero dovuto bloccare l'avanzata

Hard fighting for Stefanesti on the Prut
Duri combattimenti per Stefanesti sul Prut

The Cavalry crosses the Prut
Cavalleria attraversa il Prut

The Soviets are being snatched away
I sovietici vengono snidati

A boat bridge over the Prut is guarded
Si presidia un ponte di barche sul Prut

BESSARABIA FREE AGAIN
La Bessarabia di nuovo libera

Landscapes of Bessarabia
Panorami della Bessarabia

Soldiers at a well
Soldati presso un pozzo

Marching
In marcia

Through Bessarabia
Attraverso la Bessarabia

Through Bessarabia
Attraverso la Bessarabia

Through Bessarabia
Attraverso la Bessarabia

The people of Bessarabia repair the road
La popolazione della Bessarabia ripara la strada

On the roads of Bessarabia
Sulle strade della Bessarabia

On the roads of Bessarabia
Sulle strade della Bessarabia

On the roads of Bessarabia
Sulle strade della Bessarabia

Resting
A riposo

PAK in shooting position
PAK in posizione di tiro

German infantry enters combat on the bare plains of Bessarabia
La fanteria tedesca entra in combattimento sulle spoglie pianure della Bessarabia

Artillery opens fire
L'artiglieria apre il fuoco

A Romanian attack through cornfields
Un attacco rumeno attraverso dei campi di mais

The fight for Belzy
La lotta per Belzy

The fight for Belzy
La lotta per Belzy

Belzy, destroyed by the Bolsheviks
Belzy, distrutta dai bolscevichi

Soviet four-engined bomber destroyed by Romanian fire
Bombardiere quadrimotore sovietico distrutto dal fuoco rumeno

Houses are being searched
Si perquisiscono le case

The population welcomes German and Romanian troops as liberators
La popolazione accoglie le truppe tedesche e rumene come liberatori

The population welcomes German and Romanian troops as liberators
La popolazione accoglie le truppe tedesche e rumene come liberatori

Salt and bread from the inhabitants of Bessarabia
Sale e pane dagli abitanti della Bessarabia

Familiarizing with the liberators
Si familiarizza con i liberatori

Faces of Bessarabia
Volti della Bessarabia

Refugees from Bessarabia return to their homes
Profughi della Bessarabia ritornano alle loro case

A Jewish camp in Bessarabia
Un campo ebraico in Bessarabia

Fallen for the liberation of Bessarabia
Caduti per la liberazione della Bessarabia

Ammunition column marching in Bessarabia
Colonna di munizioni in marcia in Bessarabia

Marshal Antonescu on the Bessarabia front in July 1941
Il Maresciallo Antonescu sul fronte della Bessarabia nel luglio 1941

The Bolsheviks are fighting in the cornfields
Si combattono i bolscevichi nei campi di mais

Thirty Soviet tanks, destroyed in Bessarabia
Trenta carri sovietici, distrutti in Bessarabia

Supply column on the muddy roads of Bessarabia in front of Soroki
Colonna di rifornimenti sulle strade fangose della Bessarabia davanti a Soroki

Home-to-home fights in Unguri on the Dniester
Combattimenti casa per casa a Unguri sul Dniester

The Dniester is reached
Il Dniester è raggiunto

Genearloberst Ritter von Schobert and Marshal Antonescu at a conference in July 1941
Il Genearloberst Ritter von Schobert e il Maresciallo Antonescu a una conferenza nel luglio 1941

The advance on Kishinev
L'avanzata su Kishinev

The attack of Kishinev
L'attacco a Kishinev

The attack of Kishinev
L'attacco a Kishinev

Romanian radio station near Kishinev
Posto radio rumeno presso Kishinev

Urban combat in Kishinev
Combattimento urbano a Kishinev

Urban combat in Kishinev
Combattimento urbano a Kishinev

German Infantry of Kishinev
Fanteria tedesca di Kishinev

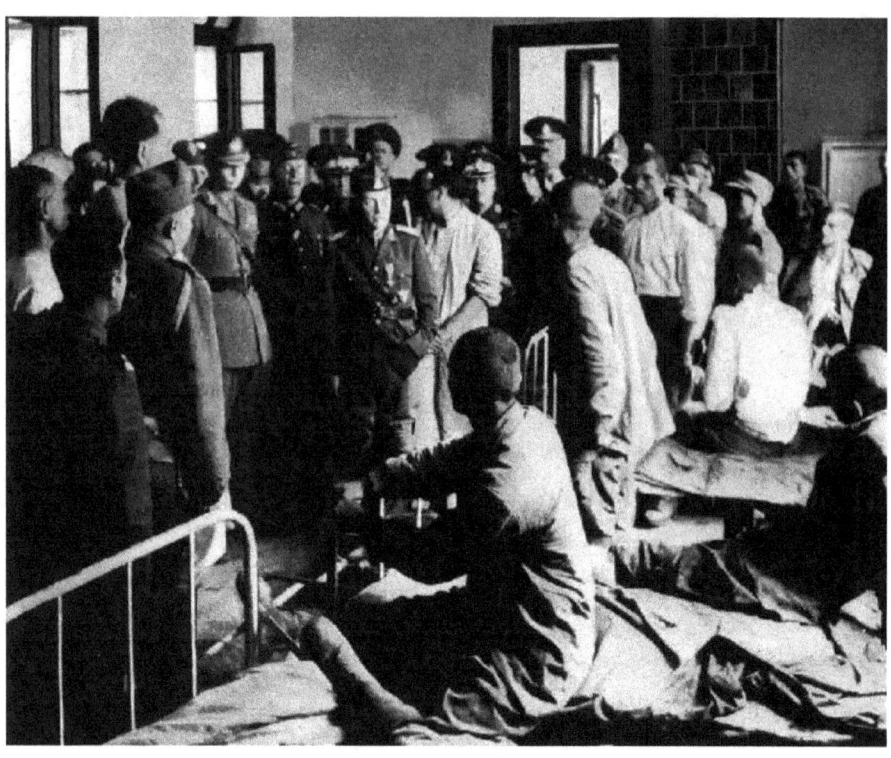

Special guests, the King of Romania and Marshal Antonescu, visiting a Romanian hospital
Ospiti d'eccezione, il Re di Romania e il Maresciallo Antonescu, in visita a un ospedale rumeno

Kishinev, the capital of Bessarabia, after the fighting in July 1941
Kishinev, la capitale della Bessarabia, dopo i combattimenti del luglio 1941

THE HARD BATTLE FOR CROSSING THE DNIESTER
La dura battaglia per l'attraversamento del Dniester

View of Soroki on the Dniester
Vista di Soroki sul Dniester

The guard on the Dniester at Soroki
La guardia sul Dniester a Soroki

Mogilev on the Dniester is reached
Mogilev sul Dniester è raggiunta

The crossing. View from the heights of Katerinovka (10 km south-east of Mogilev-Podolsk) over the Dniester river valley
L'attraversamento. Vista dalle alture di Katerinovka (10 km sud-est di Mogilev-Podolsk) sulla vallata del fiume Dniester

The Dniester in Soroki
Il Dniester a Soroki

Crossing the Dniester at Unguri
Attraversando il Dniester presso Unguri

View of the Dniester from the bank of Unguri
Vista del Dniester dalla sponda di Unguri

Reinforcements prepare to cross the Dniester
I rinforzi si preparano ad attraversare il Dniester

Reinforcements prepare to cross the Dniester
I rinforzi si preparano ad attraversare il Dniester

The fight for the bunker line
La lotta per la linea dei bunker

The fight for the bunker line
La lotta per la linea dei bunker

The attack on a machine gun nest
L'attacco a un nido di mitragliatrici

The Soviet machine-gun nests hidden among the vegetation are faced
Si affrontano i nidi di mitragliatrice sovietici nascosti tra la vegetazione

Engineers cross the Dniester
Genieri attraversano il Dniester

The crossing of the Dniester
L'attraversamento del Dniester

The crossing of the Dniester is completed, July 1941
L'attraversamento del Dniester è compiuto… luglio 1941

The ferry service is carried out
Si effettua il servizio di traghetto

Romanian boats for the launch of bridges in Mogilev
Barche rumene per il lancio di ponti a Mogilev

The courage for fighting for the Dniester is rewarded
Il coraggio per i combattimenti per il Dniester viene ricompensato

General Kortzfleisch confers the Iron Crosses
Il Generale Kortzfleisch conferisce le Croci di Ferro

A special message is given
Viene dato un messaggio speciale

Directions
Indicazioni stradali

The last salute to the fallen comrades
L'estremo saluto ai camerati caduti

THE VICTORIOUS MARCH CONTINUES THROUGH UKRAINE
La marcia vittoriosa continua attraverso l'Ucraina

During the advance towards Balta
Durante l'avanzata in direzione di Balta

Artillery observers in front of Balta
Osservatori d'artiglieria di fronte a Balta

Evening ride through the vastness of the Ukrainian steppe
Cavalcata della sera attraverso la vastità della steppa ucraina

Despite the heat and dust - soldiers marching east - for the people of the West
Nonostante il caldo e la polvere – soldati marciano a est – per le genti dell'Ovest

Troops march east
Truppe marciano verso est

The Stukas ravaged the Mardarovka train station on the Odessa-Balta line
Gli Stuka hanno devastato la stazione ferroviaria di Mardarovka sulla linea Odessa-Balta

The avant-garde comes into action
L'avanguardia entra in azione

The vanguard in combat at Waterloo, a German settlement in southern Ukraine
L'avanguardia in combattimento a Waterloo, un insediamento tedesco nell'Ucraina meridionale

Lieutenant Colonel von Boddien discusses the strategic situation in the Balta area
Il Tenente Colonnello von Boddien discute la situazione strategica nell'area di Balta

Colonel von Ch. observes the advance of his Regiment through scissor binoculars
Il Colonello von Ch. osserva l'avanzata del suo Reggimento attraverso un binocolo a forbice

The village is taken, the infantry hold their positions
Il villaggio è preso, la fanteria tiene le sue posizioni

The village is taken, the infantry hold their positions
Il villaggio è preso, la fanteria tiene le sue posizioni

The village is taken, the infantry hold their positions
Il villaggio è preso, la fanteria tiene le sue posizioni

The wounded are treated in an exemplary manner
I feriti sono curati in modo esemplare

Stuck in the Ukrainian mud
Bloccati nel fango ucraino

A well-deserved rest after days of hard fighting
Un meritato riposo dopo giorni di duri combattimenti

Some cattle, which had been hidden, is brought back to the village by German troops
Del bestiame, che era stato nascosto, è riportato nel villaggio dalle truppe tedesche

The horses quench their thirst
Si dissetano i cavalli

The children are taken to the baptism
I bambini sono portati al battesimo

Peaceful work in the fields resumes
Riprende il pacifico lavoro nei campi

The Bakery Company resumes its work
La Compagnia panificatori riprende il suo lavoro

Large quantities of wood are used to bake 10,000 loaves of bread per day
Per infornare 10.000 pagnotte al giorno sono usate grandi quantità di legname

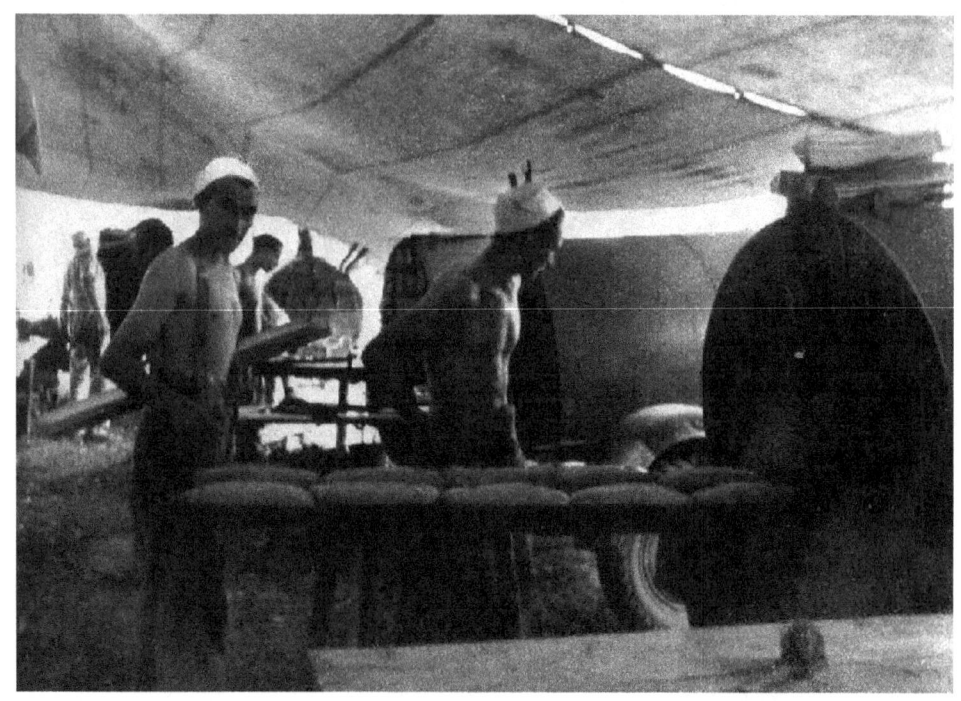

Bakery Company
Compagnia panificatori

German heritage - a blonde girl with blue eyes from the German ethnic settlement of Worms (southern Ukraine)
Eredità tedesca – una ragazza bionda con occhi azzurri dall'insediamento etnico tedesco di Worms (Ucraina meridionale)

ITALIAN TROOPS
TRUPPE ITALIANE

The Italian Shipping Corps on the move
Il Corpo di Spedizione Italiano in movimento

The Italian Shipping Corps on the move
Il Corpo di Spedizione Italiano in movimento

Parade in front of the Commander of the Italian Expeditionary Corps
Parata davanti al Comandante del Corpo di Spedizione Italiano

Parade in front of the Commander of the Italian Expeditionary Corps
Parata davanti al Comandante del Corpo di Spedizione Italiano

BATTLE FOR ODESSA AND OCHAKOV
Battaglia per Odessa e Ochakov

The Kiev-Odessa road is secured
La strada Kiev-Odessa è messa in sicurezza

A heavy piece is put in battery at Odessa
Un pezzo pesante è messo in batteria presso Odessa

At Odessa, an advanced observer watches the direct shot
Presso Odessa, un osservatore avanzato osserva il tiro diretto

Marshal Antonescu and Major General H. discuss the situation on the Odessa front
Il Maresciallo Antonescu e il Maggior General H. discutono la situazione del fronte di Odessa

Romanian troops in front of Odessa
Truppe rumene di fronte a Odessa

Odessa is taken, troops enter the city
Odessa è presa, le truppe entrano in città

Barricades in Odessa
Barricate a Odessa

The Odessa population praying
La popolazione Odessa a messa

The port of Odessa after the bombardment
Il porto di Odessa dopo il bombardamento

The port of Odessa after the bombardment
Il porto di Odessa dopo il bombardamento

The flooding of the port of Odessa
L'allagamento del porto di Odessa

Ochakov on the Black Sea burns
Ochakov sul Mar Nero brucia

A coastal battery at Otchakov falls into German hands
Una Batteria costiera presso Otchakov cade in mano tedesca

Guarding the Black Sea at Otchakov
Di guardia sul Mar Nero a Otchakov

Bath time
Si fa il bagno

... and then cleaning time
... e si pulisce

Romanian navy patrols the Black Sea
La Marina da Guerra rumena pattuglia il Mar Nero

TOWARDS THE BUG AND THE DNIEPER
VERSO IL BUG E IL DNIEPER

German troops waiting for a Russian counterattack at Nikolayev
Le truppe tedesche in attesa di un contrattacco russo a Nikolayev

Nikolayev is bombed
Nikolayev è bombardata

German panzers enter the city
Panzer tedeschi entrano in città

A 10,000-ton Cruiser at Nikolayev Shipyard
Un Incrociatore da 10.000 tonnellate nel cantiere navale di Nikolayev

Dozens of tractors were abandoned after the retreat of Soviet troops
Dozzine di trattori sono stati abbandonati dopo la ritirata delle truppe sovietiche

Assault troops clean out the Dnieper Estuary in Kherson from partisan gangs
Truppe d'assalto ripuliscono da bande partigiane l'estuario del Dnieper a Kherson

Assault troops clean out the Dnieper Estuary in Kherson from partisan gangs
Truppe d'assalto ripuliscono da bande partigiane l'estuario del Dnieper a Kherson

The low lands of the Dnieper near Berislavl slow down the offensive
Le terre basse del Dnieper presso Berislavl rallentano l'offensiva

Ukrainian prisoners are released. A "Heil Hitler" is an expression of their joy, before they begin their journey to their native villages
Prigionieri ucraini sono rilasciati. Un "Heil Hitler" è l'espressione della loro gioia, prima che essi inizino il loro cammino verso i villaggi natii

Berislavl on the Dnieper river is reached by the vanguard of a Division
Berislavl sul fiume Dnieper è raggiunta dall'avanguardia di una Divisione

Fighting for Berislavl's bridgehead
Combattimenti per la testa di ponte di Berislavl

Fighting for Berislavl's bridgehead
Combattimenti per la testa di ponte di Berislavl

The river is crossed in boats
Si attraversa il fiume in barchini

The river is crossed in boats
Si attraversa il fiume in barchini

The river is crossed in boats
Si attraversa il fiume in barchini

The bridge is guarded
Il ponte è sorvegliato

HEADING TOWARDS THE SEA OF AZOV
Avanzata verso il Mare d'Azov

The column advances through the steppes of Nogay
La colonna avanza attraverso le steppe del Nogay

A Division of Lower Saxony has marched more than 4,000 km
Una Divisione della Bassa Sassonia ha marciato per più di 4.000 km

Sturmgeschütz advance
Sturmgeschütz avanzano

The Nogay steppe, a desert without trees, is an unknown terrain for the Mountain Troops. The General's visit is welcome by all
La steppa del Nogay, deserto senza alberi, è un terreno sconosciuto per le Truppe da Montagna. La visita del Generale è benvenuta da tutti.

The population flees the combat zone through the vastness of the Nogay steppe
La popolazione fugge dalla zona di combattimento attraverso la vastità della steppa del Nogay

Attack
Attacco

Sheaves of grain set on fire by enemy planes
Covoni di grano incendiati dagli aerei nemici

Roadblocks in Melitopol
Blocchi stradali a Melitopol

The railway to Melitopol is mined
La ferrovia verso Melitopol è minata

The anti-tank ditch near Melitopol is filled by the Engineers
Il fossato anticarro presso Melitopol è riempito dai Genieri

Bolshevik positions won at Melitopol
Posizioni bolseviche conquistate presso Melitopol

A densely mined area in front of Melitopol
Un'area densamente minata davanti a Melitopol

People are looting a house
La popolazione saccheggia una casa

A Romanian anti-tank cannon at work
Un cannone controcarro rumeno all'opera

German and Romanian troops preparing to cross the Donets
Truppe tedesche e rumene si apprestano a attraversare il Donets

Crossing the Donets on a temporary bridge
Si attraversa il Donets su di un ponte provvisorio

The port of Berdyansk on the Sea of Azov
Il porto di Berdyansk sul Mare d'Azov

Romanian soldiers receive the Iron Cross
Soldati rumeni ricevono la Croce di Ferro

OUR ENEMIES
I NOSTRI NEMICI

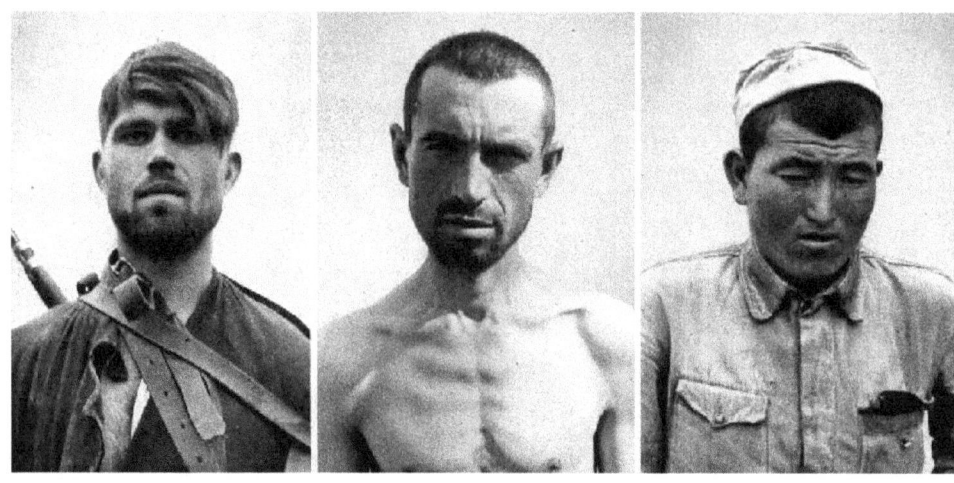

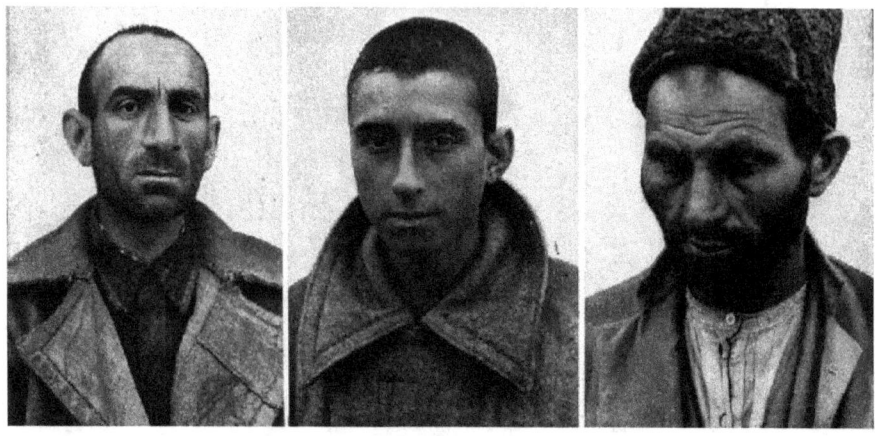

GENERAL RITTER VON SCHOBERT, FALLEN INTO ACTION
IL GENERALE RITTER VON SCHOBERT, CADUTO IN AZIONE

Field Marshal von Brauchitsch and Generaloberst Ritter von Schobert meet at Belzy Airport.
July 1941
Il Feldmaresciallo von Brauchitsch e il Generaloberst Ritter von Schobert si incontrano all'aeroporto di Belzy. Luglio 1941.

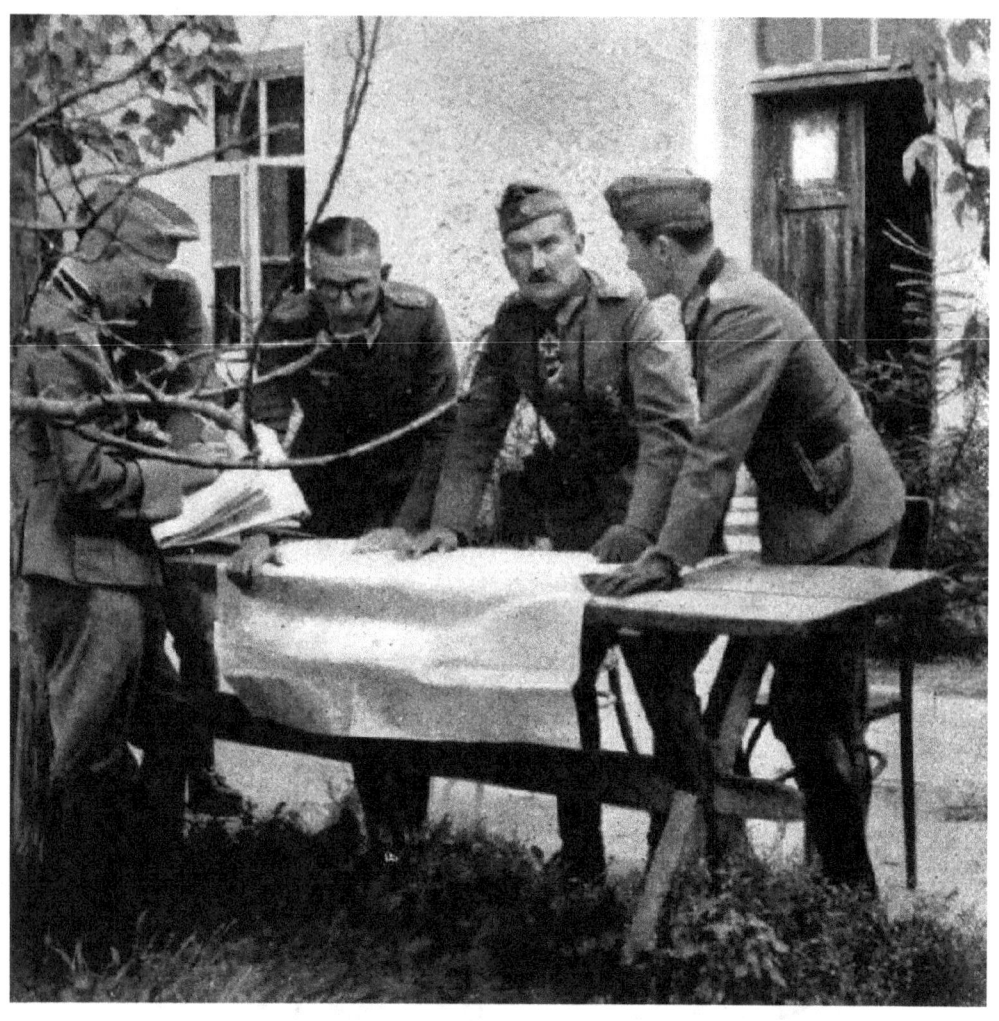

Generaloberst Ritter von Schobert discusses the situation at the front with General K. July 1941
Il Generaloberst Ritter von Schobert discute la situazione al fronte con il Generale K. Luglio 1941

Generaloberst Ritter von Schobert is awarded the Order "Michael the Brave" by Marshal Antonescu
Al Generaloberst Ritter von Schobert è conferito l'Ordine "Michele il Coraggioso" dal Maresciallo Antonescu

Field Marshal von Brauchitsch and Generaloberst Ritter von Schobert at a staff meeting in Nikolayev, September 1941
Il Feldmaresciallo von Brauchitsch e il Generaloberst Ritter von Schobert a una riunione di Stato Maggiore a Nikolayev, settembre 1941

Generaloberst Ritter von Schobert and his pilot before their last flight on 12 September 1941
Il Generaloberst Ritter von Schobert e il suo pilota prima del loro ultimo volo il 12 settembre 1941

Generaloberst Ritter von Schobert and his pilot before their last flight on 12 September 1941
Il Generaloberst Ritter von Schobert e il suo pilota prima del loro ultimo volo il 12 settembre 1941

Officers of the Guard of Honor at the Casket of the Fallen
Ufficiali della Guardia d'Onore alla bara del Caduto

Marshal Antonescu and Field Marshal von Brauchitsch arrive at the funeral in Nikolayev. 15th September 1941
Il Maresciallo Antonescu e il Feldmaresciallol von Brauchitsch arrivano al funerale a Nikolayev. 15 settembre 1941

The last goodbye
L'ultimo addio

The Führer's farewell to his faithful General
L'addio del Führer al suo fedele Generale

The Nikolayev Memorial
Il Memoriale a Nikolayev

THE FIGHT FOR CRIMEA BEGINS
La lotta per la Crimea ha inizio

Barbed wire belt in Perekop resistance position
Cintura di filo spinato nella posizione di resistenza di Perekop

Anti-tank barriers and minefields
Ostacoli anticarro e campi minati

During the battle for Perekop
Durante la battaglia per Perekop

German infantry attacks Armjansk
La fanteria tedesca attacca Armjansk

Watching the battle for heights 9.3 and 7.3
Osservando la battaglia per le alture 9.3 e 7.3

The ancient Tartar Trench has been turned into an anti-tank obstacle
L'antica fossa dei Tartari è stata trasformata in un ostacolo anticarro

The ancient Tartar Trench has been turned into an anti-tank obstacle
L'antica fossa dei Tartari è stata trasformata in un ostacolo anticarro

Crossing the anti-tank ditch
Attraversando il fossato anticarro

A log road is built to secure supplies through the anti-tank ditch
Si costruisce una strada di tronchi per assicurare i rifornimenti attraverso il fossato anticarro

Supply trucks cross the ancient Tartar Trench on a Genieri bridge
Camion di rifornimenti attraversano l'antica fossa dei Tartari su un ponte dei Genieri

Sturmgeschütz break through Soviet fortifications in Perekop
Sturmgeschütz sfondano le fortificazioni sovietiche a Perekop

In the salt lake rot in the Krassni - Perekop area
Nelle marcite dei laghi salati nell'area di Krassni - Perekop

Mörser is preparing to fire on Soviet positions in Juschun
Mörser si preparano a sparare sulle posizioni sovietiche a Juschun

German Infantry near Armjansk
Fanteria tedesca vicino a Armjansk

The enemy was entrenched
Il nemico si stava trincerando

Wagons, horses and people have become cavemen
Carri, cavalli e persone sono diventati cavernicoli

Endless columns of prisoners taken in the battles of Perekop and Juschun
Infinite colonne di prigionieri presi nelle battaglie di Perekop e Juschun

After the battle for Armiansk
Dopo la battaglia per Armiansk

House to house combat in Armiansk
Combattimento casa per casa a Armiansk

A Soviet anti-aircraft position captured at Perekop
Una postazione contraerea sovietica catturata a Perekop

On the road to victory
Lungo la strada della vittoria

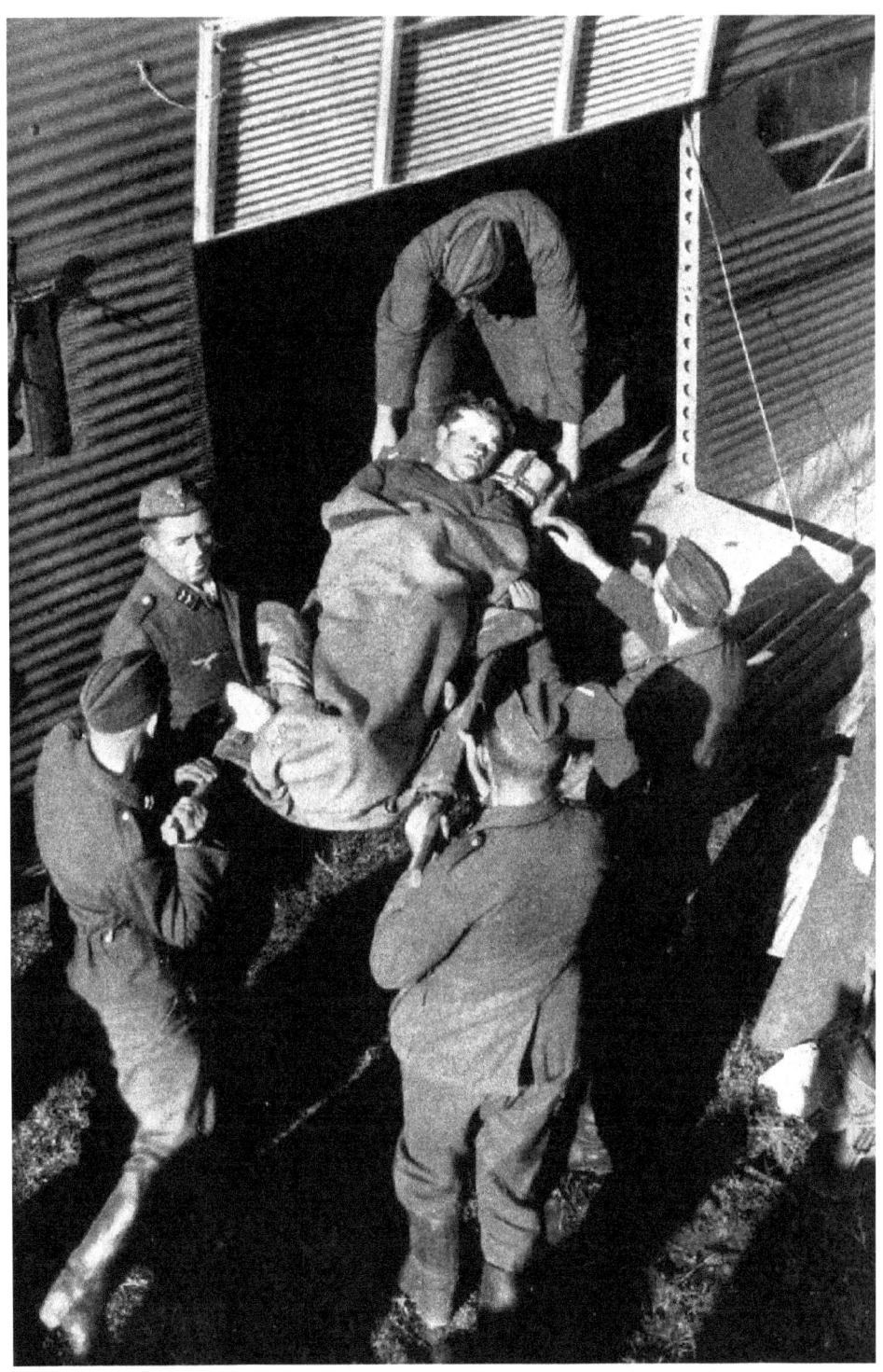

The safest way home
La strada più sicura per casa

The military cemetery in Armiansk
Il cimitero militare a Armiansk

Supply column
Colonna di rifornimenti

SOUTH ACROSS THE STEPPES
A SUD ATTRAVERSO LE STEPPE

Riding south across the Crimean Steppes
Cavalcando a sud attraverso le steppe della Crimea

Advancing relentlessly and hesitantly
Avanzando senza sosta e esitazione

Advancing relentlessly and hesitantly
Avanzando senza sosta e esitazione

The horses are driven into holes to protect them to some extent from bomb and grenade shrapnel
I cavalli sono condotti in delle buche per proteggerli in qualche misura dalle schegge di bombe e granate

Russian mud wrestling order pickers
Portaordini in lotta con il fango russo

Even the cars of the Commander-in-Chief (Army Commander Erich von Manstein) can get bogged down
Anche le auto dei Comandanti in Capo (il Comandante dell'Armata Erich von Manstein) possono rimanere impantanate

The avant-garde vehicles go ahead, on the road of the Yayla Mountains
I mezzi dell'avanguardia vanno avanti, sulla strada dei monti Yayla

A motorized vanguard is hired by the enemy. It dismounts and returns fire
Un'avanguardia motorizzata è ingaggiata dal nemico. Si smonta e si risponde al fuoco

Preparing the meal
Si prepara il rancio

A big bite
Un bel boccone

Big hunt of small animals
Caccia grossa di piccoli animali

The latest issue of the Army newspaper is read among comrades
Si legge tra camerati l'ultimo numero del giornale dell'Armata

OKW radio report
Rapporto radio dell'OKW

Simferopol is reached
Simferopol è raggiunta

The people of Simferopol read newspapers, printed in Russian and Tartar
La popolazione di Simferopol legge i giornali, stampati in russo e tartaro

Listening to the Wehrmacht communiqué in Russian and Tartar
Ascoltando il comunicato della Wehrmacht in russo e tartaro

Bolshevik shantytowns in Crimea - the Soviet paradise
Baraccopoli bolsceviche in Crimea – il paradiso sovietico

THROUGH THE YAILA MOUNTAINS TO THE SOUTH COAST
Attraverso i monti Yaila verso la costa sud

Difficult advance in the mountains
Difficile avanzata tra le montagne

On the Yayla mountain pass
Sul passo dei monti Yayla

After the pass the Black Sea is in sight
Dopo il passo è in vista il Mar Nero

*Christmas in
Bakhchisaray
Natale a Bakhchisaray*

Icy storms sweep the Crimea and make it difficult to refuel on coastal roads
Tempeste ghiacciate spazzano la Crimea e rendono difficili i rifornimenti sulle strade costiere

Romanians in winter fighting in the Yayla Mountains
Rumeni nei combattimenti invernali sui monti Yayla

Yalta is reached by the avant-garde
Yalta è raggiunta dall'avanguardia

Guard post in the mountains
Posto di guardia sui monti

View of Yalta
Vista di Yalta

Columns marching towards Bakhchisaray
Colonne in marcia verso Bakhchisaray

Ammunition storage in Simferopol
Lo stoccaggio delle munizioni a Simferopol

THE FIGHT FOR FEODOSIA
LA LOTTA PER FEODOSIA

Infantry waiting for the order to attack Feodosia
Fanteria in attesa dell'ordine di attacco a Feodosia

In battle for the city of Feodosiya
In battaglia per la città di Feodosiya

German infantry in raking operations in Feodosia
Fanteria tedesca nelle operazioni di rastrellamento a Feodosia

After Stuka's attack on the port of Feodosia
Dopo l'attacco di Stuka sul porto di Feodosia

The Soviet landing force in Feodosia has been destroyed
La forza di sbarco sovietica a Feodosia è stata distrutta

A well signposted mountain road near Feodosia
Una strada di montagna presso Feodosia ben dotata di segnali

The photos speak for
themselves
Le foto parlano da sole

A divisional military cemetery in Stary Krym
Un cimitero militare divisionale a Stary Krym

A bouquet of flowers for the fallen comrades
Un mazzo di fiori per i camerati caduti

KERCH BREAKTHROUGH
Sfondamento a Kerch

Crimean Army fighters
Combattenti dell'Armata di Crimea

Breaking through the Parpach line: Panzer tracks from the air
Sfondando la linea Parpach: le tracce dei Panzer dall'aria

During the attack on Kerch
Durante l'attacco a Kerch

German artillery intervention with signal rockets is required
Si richiede l'intervento dell'artiglieria tedesca con i razzi da segnalazione

The port of Kerch under fire from German and Romanian artillery and the attack on the fort of Kerch
Il porto di Kerch sotto il fuoco dell'artiglieria tedesca e rumena e l'attaco al forte di Kerch

Kerch's steel industries, home to obstinate pockets of enemy resistance
Le industrie siderurgiche di Kerch, sede di ostinate sacche di resistenza nemica

Descending from the ancient temple on Mount Mithradate, the Germans penetrated and conquered the city
Scendendo dall'antico tempio sul monte Mitradate, i tedeschi penetrarono e conquistarono la città

The Soviet retreat road on the northwest coast of the Azov Sea
La strada di ritirata sovietica sulla costa nord-ovest del Mare d'Azov

A Soviet woman prisoner is being interrogated
Una donna sovietica prigioniera è interrogata

On the supply roads
Sulle strade di rifornimento

Frozen supply roads
Strade di rifornimento ghiacciate

Marshal Antonescu, and German and Romanian Officers visit Romanian troops in Kerch
Il Maresciallo Antonescu, e Ufficiali tedeschi e rumeni visitano le truppe rumene a Kerch

They'd rather be prisoners of war than die
Hanno preferito essere prigionieri di guerra piuttosto che morire

The defeat at Kerch resembles the English defeat at Dunkirk
La sconfitta a Kerch assomiglia a quella inglese a Dunkerque

The defeat at Kerch resembles the English defeat at Dunkirk
La sconfitta a Kerch assomiglia a quella inglese a Dunkerque

Fighting bandits: observation post in the Chatyr-Dagh Mountains in Yayla
Combattendo i banditi: posto d'osservazione nelle montagne Chatyr-Dagh a Yayla

Fighting the bandits: Romanian Lieutenant Colonel discusses the situation with Chief Tartarus
Combattendo i banditi: il Tenente Colonnello rumeno discute la situazione con il capo Tartaro

Fighting bandits: an ambush position of the bandits in Japalach is set on fire. This bandit shelter in Jaman Tashkent had room for twenty men and two machine guns
Combattendo i banditi: una posizione d'imboscata dei banditi a Japalach è data alle fiamme. Questo rifugio dei banditi a Jaman Tashkent aveva posto per venti uomini e due mitragliatrici.

SEBASTOPOL
SEBASTOPOLI

Sevastopol north view
Sebastopoli vista da nord

Report on the encirclement of Sevastopol
Rapporto sull'accerchiamento di Sebastopoli

Storage of ammunition in the caves and crevasses of the Yayla Mountains
Immagazzinamento di munizioni nelle caverne e nei crepacci dei monti Yayla

Romanian advance towards Sevastopol
Avanzata rumena verso Sebastopoli

Bombs on Sevastopol
Bombe su Sebastopoli

Discussion of the situation before Sevastopol
Discussione della situazione davanti Sebastopoli

In these dens our infantry spent the winter in front of Sevastopol
In queste tane la nostra fanteria ha passato l'inverno davanti a Sebastopoli

Erich von Manstein at a Division HQ conference
Erich von Manstein a una conferenza al QG di una Divisione

The bombs hit their targets
Le bombe colpiscono i loro bersagli

Portarations at Fort Balaklava seek shelter from artillery fire
Dei portarazioni a Forte Balaklava cercano riparo dal fuoco d'artiglieria

Romanian mountain troops attack a bunker
Truppe da montagna rumene attaccano un bunker

Well built Soviet posts in Shuli in front of Sevastopol
Ben costruite postazioni sovietiche a Shuli davanti a Sebastopoli

Erich von Manstein visits the Romanian advanced stations
Erich von Manstein visita le postazioni avanzate rumene

The Death Pit. German machine guns hit from the flank from over 500 meters. To the right, ditch and ramparts of the conquered Fort Balaklava
La Fossa della Morte. Le mitragliatrici tedesche hanno colpito dal fianco da più di 500 metri. A destra, fossato e bastioni del conquistato Forte Balaklava

At the Chapel Hill
Alla collina della Cappella

The port of Balaklava
Il porto di Balaklava

General von Richthofen discusses the aerial situation with Field Marshal Antonescu
Il Generale von Richthofen discute la situazione aerea con il Feldmaresciallo Antonescu

In the battle for Sevastopol
Nella battaglia per Sebastopoli

Fort Maxim Gorky I - towers with 30.5 cm cannons
Il Forte Maxim Gorky I – torri con cannoni da 30.5 cm

The harshly disputed highlands of Mount Sapun in the last days of June 1942
Le duramente disputate alture del monte Sapun negli ultimi giorni del giugno 1942

Break in the assault on Mount Sapun
Pausa nell'assalto al monte Sapun

Fire at night on Mount Sapun
Fuoco di notte sul monte Sapun

Rake after the fall of Mount Sapun
Rastrellamento dopo la caduta di monte Sapun

Observation post on Severnaya Bay
Posto di osservazione sulla baia di Severnaya

Impact of German heavy artillery
Impatto dell'artiglieria pesante tedesca

Artillery position in front of Sevastopol
Poszione d'artiglieria davanti a Sebastopoli

The last fights before Sevastopol
L'ultimo combattimenti prima di Sebastopoli

Sturmgeschütz advance in the city
Sturmgeschütz avanzano in città

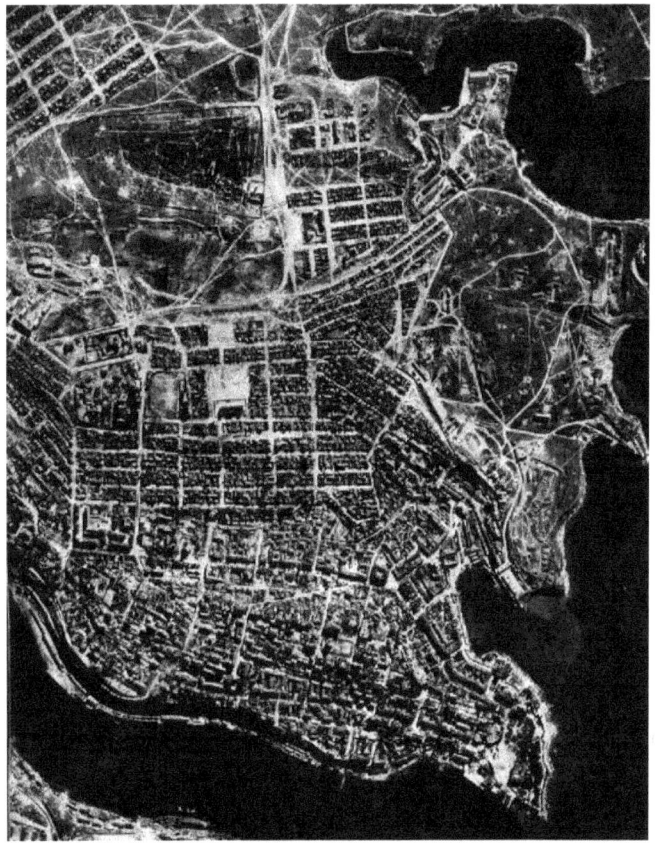

City and port of Sevastopol
Città e porto di Sebastopoli

Advancing through the rubble
Si avanza tra le macerie

Romanian anti-tank gun in action
Cannone controcarro rumeno in azione

The Sevastopol shipyard. What escaped the German bombs was destroyed by the Bolsheviks
Il cantiere navale di Sebastopoli. Ciò che è scampato alle bombe tedesche è stato distrutto dai bolscevichi

The Battery at the entrance to the port of Sevastopol
La Batteria all'entrata del porto di Sebastopoli

The prisoners pass the supply columns on their way to Sevastopol
I prigionieri passano le colonne di rifornimenti, dirette a Sebastopoli

Bolshevik prisoners taken in Sevastopol
Prgionieri bolscevichi presi a Sebastopoli

Romanian fighters in Sevastopol are decorated with the Iron Cross
Combattenti rumeni a Sebastopoli sono decorati con la Croce di Ferro

The population of the city comes out of the cave
La popolazione della città esce della caverne

The cleanup begins immediately after the conquest
La ripulitura inizia subito dopo la conquista

Army Commander Erich von Manstein in the ruins of Sevastopol
Il Comandante dell'Armata Erich von Manstein tra le rovine di Sebastopoli

Victory Parade in Sevastopol
Parata della vittoria a Sebastopoli

Victory Parade in Sevastopol
Parata della vittoria a Sebastopoli

A VISIT OF HISTORICAL IMPORTANCE
Una visita di importanza storica

King Michael of Romania visits the battlefield of Sevastopol
Re Michele di Romania visita il campo di battaglia di Sebastopoli

Numerous military attachés from neutral nations around the world visited the bat- size camp in Sevastopol
Numerosi incaricati militari di nazioni neutrali di tutto il mondo hanno visitato il campo di battaglia di Sebastopoli

Japanese Ambassador Oshima at Fort Maxim Gorky
L'ambasciatore giapponese Oshima al Forte Maxim Gorky

General v. T. exposes the fighting around the fort
Il General v. T. espone i combattimenti attorno al Forte

German and foreign soldiers do the honours to the Fallen
I militari tedeschi e stranieri rendono gli onori ai Caduti

As a sign of camaraderie. German and Romanian troops parade in front of King Michael I on May 10, 1942, Romanian national holiday, in Bucharest
In segno di cameratismo. Truppe tedesche e rumene sfilano in parata davanti a Re Michele I il 10 maggio 1942, festa nazionale rumena, a Bucarest

THE CARE OF COMRADES
Le cure ai Camerati

The Soldier's House in Sevastopol. In the queue. The structure is overcrowded and - temporarily - closed to newcomers (on some days more than 2,000 meals and drinks are served)
La Casa del Soldato a Sebastopoli. In coda. La struttura è sovraffollata e – temporaneamente – chiusa ai nuovi venuti (in alcuni giorni sono serviti più di 2.000 pasti e bevande).

The Soldier's House in Sevastopol: in the great hall
La Casa del Soldato a Sebastopoli: nel grande salone

The Soldier's House in Sevastopol: the reading corner is important
La Casa del Soldato a Sebastopoli: l'angolo lettura è importante

Soldiers at the Simferopol Theatre
Soldati al teatro di Simferopol

Veterans from the front exhibit their artistic works, created in their spare moments, and are welcomed with great success
Veterani dal fronte espongono le loro opere artistiche, create nei momenti liberi, e che sono accolte con grande successo

Rest on the coast: on the beach in Koreis
Riposo sulla costa: in spiaggia a Koreis

The convalescent home in Gaspra-Koreis near Yalta
Il convalescenziario a Gaspra-Koreis vicino Yalta

Sale at the warehouse. The troops want alcohol, tobacco and chocolate
Vendita al deposito. Le truppe vogliono alcol, tabacco e cioccolata

Convalescentiary at Gursuf's Tea House
Convalescenziario alla Casa del Tè di Gursuf

In front of the bookstore: "in the queue", this time for the books
Davanti alla libreria: "in coda", stavolta per i libri

It is already a pleasure to find and choose
È già un piacere poter trovare e scegliere

Newspapers and books for Romanian comrades
Giornali e libri per i camerati rumeni

CONTENTS

INTRODUCTION 5
OPERATIONS OF THE 11. ARMEE, JUNE 1941 - JULY 1942. 5
ACTIONS CHRONOLOGY OF THE 11. ARMEE, JUNE 1941 - AUGUST 1942. 6
ORGANIZATIONS. 7
MAPS. 9
PHOTOGRAPHIC HISTORY of the advance of the German and Romanian troops in Bessarabia, Ukraine, Crimea and of the seather of Sebastopol, 1941-1942. 11
BEYOND THE PRUT 13
BESSARABIA AGAIN FREE 20
THE HARD BATTLE FOR CROSSING THE DNIESTER 55
THE VICTORIOUS MARCH CONTINUES THROUGH UKRAINE 71
ITALIAN TROOPS 88
BATTLE FOR ODESSA AND OCHAKOV 92
TOWARDS THE BUG AND THE DNIEPER 104
ADVANCED TOWARDS THE SEA OF AZOV 115
OUR ENEMIES 126
GENERAL RITTER VON SCHOBERT, FALL IN ACTION 133
THE FIGHT FOR CRIMEA BEGINS 140
SOUTH THROUGH THE STEPPES 155
THROUGH THE YAILA MOUNTAINS TOWARDS THE SOUTH COAST 166
THE FIGHT FOR FEODOSIA 172
BACKGROUND IN KERCH 177
SEVASTOPOL 189
A VISIT OF HISTORICAL IMPORTANCE 214
THE CARE TO THE SOLDIERS. 218

INDICE

Introduzione 5

Operazioni della 11. Armee, giugno 1941 - luglio 1942 . . . 5

Cronologia delle azioni della 11. Armee, giugno 1941 - agosto 1942 . 6

Organigrammi 7

Mappe 9

Storia fotografica dell'avanzata delle truppe tedesche e rumene in Bessarabia, Ucraina, Crimea e dell'assedio di Sebastopoli, 1941-1942 . . 11

Oltre il Prut 13

La Bessarabia di nuovo libera 20

La dura battaglia per l'attraversamento del Dniester . . 55

La marcia vittoriosa continua attraverso l'Ucraina . . . 71

Truppe italiane 88

Battaglia per Odessa e Ochakov 92

Verso il Bug e il Dnieper 104

Avanzata verso il Mare d'Azov 115

I nostri nemici 126

Il Generale Ritter von Schobert, Caduto in azione . . . 133

La lotta per la Crimea ha inizio 140

A sud attraverso le steppe 155

Attraverso i monti Yaila verso la costa sud . . . 166

La lotta per Feodosia 172

Sfondamento a Kerch 177

Sebastopoli 189

Una visita di importanza storica 214

Le cure ai camerati 218

www.ingramcontent.com/pod-product-compliance
Lightning Source LLC
LaVergne TN
LVHW081540070526
838199LV00057B/3734